LES GAMAHÉS

ET

LEURS ORIGINES

PAR

J.-A. LECOMPTE

CORRESPONDANT DE DIVERSES PUBLICATIONS SCIENTIFIQUES

AVEC 22 CROQUIS DE L'AUTEUR
Exécutés d'après les principales pièces de sa collection

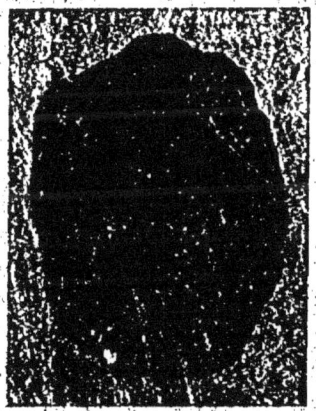

Écriture intraduisible, d'aspect oriental,
dans un silex résinoïde

PARIS
LIBRAIRIE INITIATIQUE
23, RUE SAINT-MERRI, 23

1905

LES GAMAHÉS
ET LEURS ORIGINES

LES GAMAHÉS

ET

LEURS ORIGINES

PAR

J.-A. LECOMPTE

CORRESPONDANT DE DIVERSES PUBLICATIONS SCIENTIFIQUES

AVEC 22 CROQUIS DE L'AUTEUR
Exécutés d'après les principales pièces de sa collection

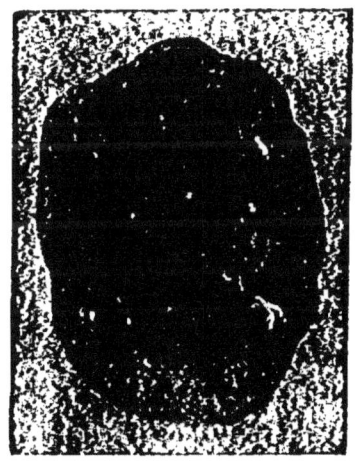

Écriture intraduisible, d'aspect oriental,
dans un silex résinoïde

PARIS
LIBRAIRIE INITIATIQUE
23, RUE SAINT-MERRI, 23

1905

Planche 1.

FIG. 1. — DEUX PROFILS A RETOUR-NEMENT (UN HOMME ET UNE FEMME).

Peut-être faut-il voir ici le même couple à deux âges différents. (Silex rouge, brun et jaune. Le dessin est tout dans la pâte. Sur les autres surfaces, il y a des bouillonnements à interpréter.)

Dimensions :
Haut. 25^{m}/^{m}, larg. 15^{m}/^{m}.

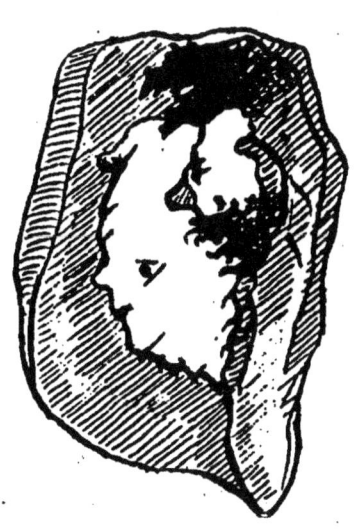

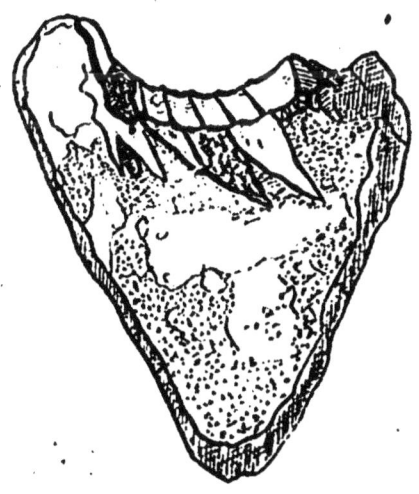

FIG. 2. — UN NAUFRAGE PRÉHISTORIQUE.

Une embarcation désemparée chavire. Des tapis pendent dans l'eau. Sous la proue, un monstre marin dévore un noyé (tache rose). D'autres animaux s'agitent à diverses profondeurs. La barque est presque toute en relief, de couleur brune. Le tapis de l'avant semble être une natte noire, à dessins tissés (voir au microscope). (Tout le reste du sujet, monstres, victimes, etc., est dans la pâte. Silex agatique, à taches blanches et roses sur fond vitrifié verdâtre.)

Dimensions : haut. 80^{m}/^{m}, larg. 26^{m}/^{m}.

FIG. 3. — LE SPECTRE DE NAPOLÉON Ier.

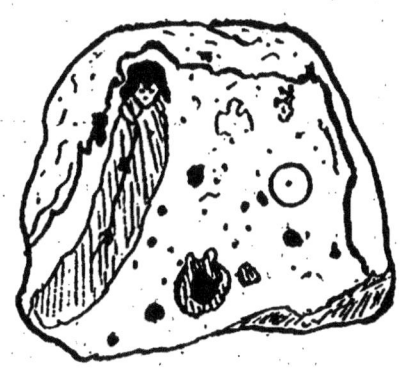

L'empereur, coiffé du légendaire chapeau (qui ressemble ici plutôt à ceux des incroyables), a l'air de planer parmi les balles et les boulets. Quand la pierre est humide, un aigle apparaît devant lui. Au-dessous, un cercle avec un point central; on a voulu y voir la couronne immergée. (Tout le dessin est bleu, dans la pâte. Seules, trois taches terreuses rappellent des îles : Corse, Elbe, Sainte-Hélène. Argile blanche et bleue.)

Dimensions : haut. 16$^{m/m}$, larg. 2^c.

FIG. 4. — SÉRIE DE PORTRAITS SUR LA MÊME PIERRE.

Fini remarquable, dont on ne se rend compte qu'avec un fort grossissement. (La tête qui a une patte d'animal sur la bouche n'a que la largeur d'un grain d'orge.) Ce groupe représente probablement les victimes d'une catastrophe. A part, se trouve une espèce d'anthropomorphe à mâchoires saillantes. Ce pourrait être un gorille. Cependant les yeux ont plus d'écartement que chez les singes, et un collier de barbe, resté vague, donne sans doute l'illusion d'un prognathisme qui n'existait pas en réalité. (Silex jaune poli. Tous les dessins en gris verdâtre dans la pâte.)

Dimensions de la plus grosse tête : 4$^{m/m}$ sur 4$^{m/m}$.

FIG. 5. — UN SAUVETAGE EN BATEAU.

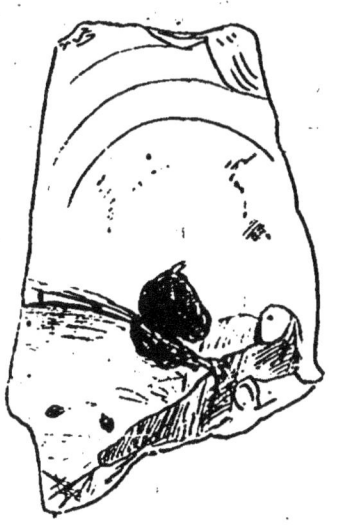

Dans une embarcation qui penche et dont on voit à la proue les deux écubiers, un personnage masqué, à tête de bœuf, saisit un homme qui se noie. Le dessinateur a remplacé la main du sauveteur par une patte fourchue; mais à cet endroit les veines de la pierre sont trop confuses pour qu'on puisse les interpréter. Le noyé a un vêtement verdâtre; au fond, soleil couchant jaune avec orbes et taches rouges. (Les détails sont tous dans la pâte, sauf quelques légers reliefs; le silex est jaune doré avec taches brunes, vertes et rouges.)

Dimensions : haut. 3°, larg. 2°.

FIG. 6. — LA MAISON PENCHÉE.

Ce silex, dont les reliefs ne sont pas suspects, car ils se composent de bouillonnements naturels, représente une habitation, probablement e planches, à demi écrasée sous l'effort d'un ouragan. A remarquer l'imposte, très visible au-dessus de la porte et qui indique un degré de civilisation déjà élevé. (Silex jaune. Pas trace de main d'homme.)

Dimensions : haut. 2°, larg. 4°.

Planché 4.

FIG. 7. — UN CORNIFÈRE NOIR. — D'un côté, on voit un personnage à tête bovine, artificielle sans doute. Le dessin est dans la pâte. En réalité il n'y a qu'une corne; celle de gauche, la plus longue, a été faite avec un outil, probablement par le primitif qui a gravé au

Avers.   Revers.

revers une tête de mort pour compléter ce qu'il croyait être une amulette. Près de la tête du cornifère, un symbole dans la pâte, qui a été observé sur d'autres pierres (il existe encore, fig. 5, au-dessus du noyé). C'est une fleur sur un rocher. Le personnage s'incline devant cet objet. (Silex résinoïde. Dessin noir.)

Dimensions : 2° 1/4, larg. 2°.

FIG. 8. — UN CORNIFÈRE ROUGE RAVISSEUR.

A l'examen, on reconnaît qu'il s'agit plutôt ici d'un sauvetage d'incendie que d'un rapt. Ce dessin est dans la pâte; mais, très pâle, il n'a pas la netteté du cliché imprimé. Cependant on voit bien que le personnage fuit par une porte. Les parties rouges sont noires ici. A remarquer le bonnet phrygien, orné d'une corne ou pompon. On voit la jambe de l'enfant ou de la femme que l'homme emporte sur sa hanche. (Silex rougeâtre et orangé.)

Dimensions : hauteur du personnage, 2°.

FIG. 9. — UN COUCHER DE SOLEIL.

Un vieillard s'endort. Le soleil descend à l'horizon. La mer monte. (Silex jaune pâle. Dessin mixte. Le disque du soleil (rose) n'est pas régulier.)

Dimensions.
H. 20$^{m/m}$, l. : 23$^{m/m}$.

FIG. 10. — LE DIEU ET LA MOMIE.

Au-dessus d'un lac, une momie ayant l'apparence d'une botte, — forme vue ailleurs, — monte au ciel. Un dieu apparaît ; il a l'air de

venir au devant du défunt. Au bord du lac, un bûcher laisse échapper un nuage de fumée près d'une idole. (Tout le dessin est dans la pâte, blanc sur bleu verdâtre. Silex agatique.)

Dimensions : haut. 85$^{m/m}$, larg. 55$^{m/m}$.

FIG. 11. — EN DÉTRESSE.

Deux personnages, qui semblent être dans une embarcation, lèvent les bras et appellent au secours. La tête de l'un n'est visible que lorsqu'on mouille la pierre; encore n'obtient-on que des traces; mais l'autre est très nette et porte une coiffure caractéristique. Est-ce un casque ou un bonnet? On ne saurait le dire. Le fini des détails et la figure très bien venue rendent

ce gamahé précieux au même titre que le n° 4. (Tout le dessin est dans la pâte. Le plus petit personnage est habillé d'un vêtement marron; l'autre, d'un violet bleuâtre. Argile blanche et grise.)

Dimensions : haut. 3°, larg. 2°.

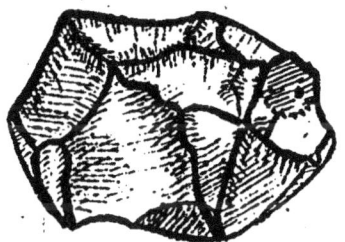

FIG. 12. — LE CHIEN DE CHATILLON.

Ainsi nommé parce que c'est sur la route de Châtillon que ce gamahé a été formé devant l'auteur, dans un éclat de pierre. (Voir l'explication de cette création, chapitre II, 1re partie. — Calcaire blanc avec taches.)

Dimensions : haut. 16m/m. larg. 20m/m.

FIG. 13. — DON QUICHOTTE.

Ainsi nommé parce que cette pierre rappelle la tête du héros de Cervantes. Elle a été formée par un bouillonnement volcanique. (Silex et argile mêlés.)

Dimensions :
Haut. 15m/m, larg. 10m/m.

FIG. 14. — DEUX GAMAHÉS TROUVÉS PARMI LES GOUTTES DE SOUDURE TOMBÉES SOUS LE FER D'UN PLOMBIER.

Le plombier, monté sur l'édifice dont on voit ici l'entrée, avait dans la mémoire l'aspect général de la façade de cette maison. Cette façade s'est reproduite involontairement dans la soudure fondue, tombée du fer rouge. Au sommet de la goutte représentant la porte, on peut voir une image ébauchée d'un des chiens de la maison. — Ces gouttes sont grandes comme un centime.

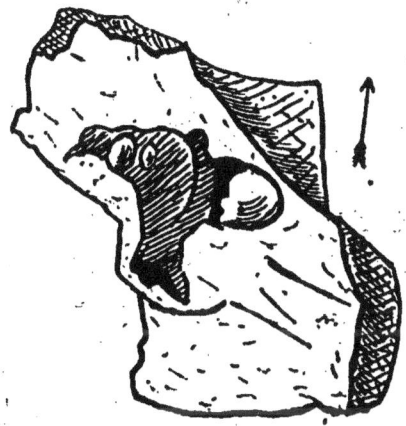

FIG. 15.

UN OISEAU ET SES ŒUFS.

Cette pierre est un exemple frappant des illusions que peut donner l'examen trop sommaire d'un dessin quelconque, mais surtout d'un gamahé. Si l'on regarde celui-ci dans sa position normale, on voit très bien un oiseau au-dessus d'un œuf brisé. Deux autres œufs tombent devant l'animal et se trouvent à la hauteur du cou. Au contraire, si la pierre prenait la position indiquée par la flèche (la pointe dirigée en haut), l'observateur verrait une espèce de Caliban fantastique humant un œuf ou parlant à une lucarne. C'est ainsi que, faute d'attention et de sang-froid, on voit toute autre chose que la vérité sur les gamahés, les vieux tableaux, les médailles usées, etc. (Silex résinoïde. Dessin dans la pâte.)

Dimensions : L'oiseau, environ $2^c \times 2^c$.

FIG. 16.

FIGURE DE DÉMONSTRATION EMPRUNTÉE A UN GAMAHÉ CHAOTIQUE.

FIG. 17. — EXEMPLE DE SCÈNE CHAOTIQUE OU APOCALYPTIQUE.

On trouve fréquemment, dans les silex ayant bouilli à l'état de laves, des parties couvertes de demi-reliefs bizarres et généralement indescriptibles. Cela rappelle les bas-reliefs des pagodes indiennes, où grouillent des monstres et des divinités grimaçantes. Ce sont tout simplement des gamahés « ratés » au moment de leur formation ignée. Les animaux ainsi présentés prennent des apparences diaboliques et les têtes humaines aussi. Telles les victimes d'un incendie quand on les retire du brasier. Le présent gamahé fut dans ce cas. Cependant il est possible que cette pierre ait été frappée par la foudre (1). A remarquer le cheval qui se cabre devant une espèce de chimère. La tête qui a été dessinée à part, dans l'encadrement du haut, est celle d'une grenouille placée sur un autre point de la pierre. Elle a été formée aussi par bouillonnement. (Silex fulguré (?), bleui.)

Dimensions : haut. 4ᶜ, larg. 6ᶜ.

---

(1) Ce qui me fait croire à la fulguration de cette pierre, c'est l'aspect sinueux des dessins et aussi une coloration bleue toute particulière que j'ai déjà observée sur des silex frappés par la foudre. Des boules de verre blanc (autre composé de la silice) ont également changé de couleur après la fulguration. J'irai même plus loin, et je dirai qu'à mon avis les anciens n'avaient pas tort de croire qu'en certains cas la foudre crée spontanément des pierres. Bien qu'au XIXᵉ siècle on ait dépensé beaucoup d'esprit pour se moquer de la physique et de la chimie de nos ancêtres, nous sommes bien forcés aujourd'hui d'avouer que, si nos pères se trompaient assez fréquemment sur les causes, ils n'en observaient pas moins très consciencieusement les phénomènes de la nature. On aurait donc grand tort de nier à la légère ce qu'ils prétendent avoir vu. On a nié ainsi beaucoup de choses qu'à présent on tient pour réelles : par exemple, les pierres tombant du ciel, classées aujourd'hui sous le nom d'aérolithes. On a nié aussi étourdiment les pluies de crapauds et de grenouilles, et maintenant on les admet, bien qu'on en donne une explication plutôt ridicule ; car une trombe, enlevant les batraciens d'un marécage, la ferait retomber également des poissons, des mollusques et des végétaux emportés avec eux dans les airs. Mais il ne tombe rien que des batraciens, et ils tombent de haut : un détachement de gardes-françaises en reçut plein ses tricornes ; le fait est historique. On a nié aussi la formation des pierres dans un coup de foudre. Maintenant que l'électrolyse fait des merveilles, les gens avisés ne rient plus de ce que nous contaient les savants d'un autre âge sur les pierres de foudre.

L'illustre mathématicien René Descartes, par exemple, ne passe point pour un esprit crédule et superficiel ; or on peut lire dans les *Météores* (discours vIIᵉ) ce qu'il a dit de ces pierres, suivant l'opinion de son temps. Sa théorie, loin d'être une hérésie scientifique comme on aurait voulu le faire croire, se trouve au contraire en partie confirmée par les expériences électro-chimiques de Becquerel et d'autres chercheurs. (*Note de l'auteur.*)

FIG. 18. — EXEMPLE DE GAMAHÉ ANATOMIQUE.

Dans ce silex, par ébullition volcanique (1), s'est formé un crâne sectionné verticalement, laissant voir toute la partie gauche intérieure. A la place du cerveau, on distingue confusément un paysage; mais tout le reste est d'une netteté parfaite, bien que difforme sur certains points, au nez par exemple. L'œil, couleur de rouille, est cuit, c'est-à-dire que vu au microscope il a l'aspect d'une cerise

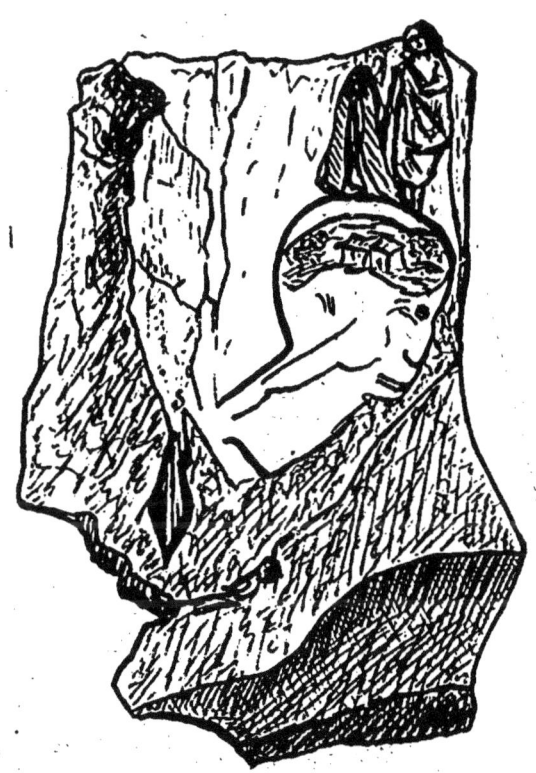

desséchée. Cette apparence est fréquente pour les yeux, dans les gamahés par ébullition. A la base du cou se trouve, en S, une autre pièce anatomique qui paraît être un sacrum coupé verticalement. Au-dessus de la tête anatomique se dressent en relief deux personnages, dont l'un est voilé de blanc et l'autre, très distinct, a un pantalon bouffant; la partie antérieure du bras gauche, qu'il replie, est comme carbonisée. Les pieds n'ont pas de forme, mais tout le reste est bien distinct. (Silex, couleurs diverses appropriées à la section anatomique.) *Dimensions* : haut. 4°, larg. 8°.

(1) On électrique.

FIG. 19.
EXEMPLE D'AMULETTE D'UN PRIMITIF.

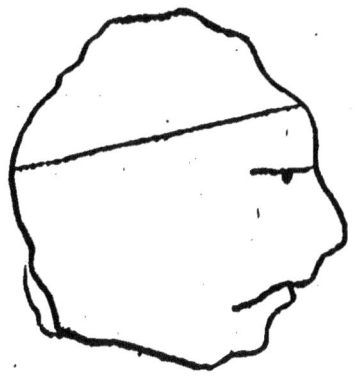

Le sauvage qui trouva ce caillou avait remarqué le parti qu'il pouvait tirer de certaines taches pour parfaire une figure humaine et, ainsi, se procurer sans grand travail une amulette. Il a procédé par rayures et sillons, après avoir taillé le profil, probablement à coups de silex. A l'envers, existe une cavité en forme de tête de mort. C'est peut-être l'ébauche d'un sigillum. (Argile blanche et grise, porcelaine naturelle.)

Dimensions · haut. 27$^{m/m}$, larg., 25$^{m/m}$.

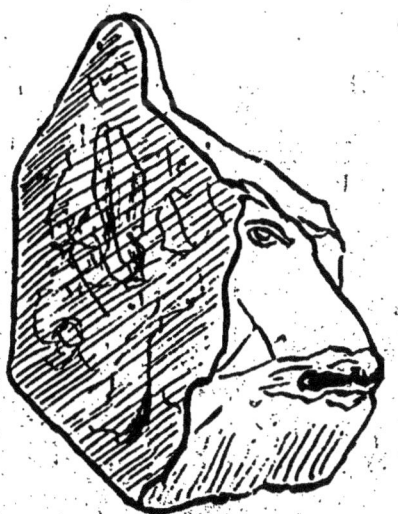

FIG. 20.
EXEMPLE DE GAMAHÉ CYNOMORPHE
(forme de chien).

Tête d'animal, chien ou loup, probablement gamahé naturel par éclats à l'origine, retaillé et perfectionné par un fabricant d'amulettes.

L'œil surtout avait été travaillé très habilement. (Silex jaune et bleu.)

Dimensions :
Haut. 45$^{m/m}$, larg. 80$^{m/m}$.

J'ai un autre exemplaire ébauché presque identique; c'est donc le même sujet à deux degrés différents de fabrication.

FIG. 21. — EXEMPLE DE SCULPTURE ANCIENNE, MICROÏDE.

Ce fragment de grès a été sculpté par des barbares préhistoriques; le harnachement spécial des chevaux le prouve. Deux chevaux, accouplés à un chariot qui a disparu, ont leurs longes attachées à des espèces d'œillères évidées. Il est rationnel que les peuples ayant d'abord utilisé le bœuf comme bête de somme aient essayé d'atteler le cheval de la même façon, le forçant d'opérer des tractions par le front, à défaut de cornes. Ces deux chevaux se cabrent devant un obstacle. Un animal, ayant l'apparence d'un sanglier, attaque le cheval au premier plan.

Dimensions : haut. 25$^{m/m}$, larg. 1^c.

Figure supplémentaire de la couverture.

UNE LIGNE D'ÉCRITURE D'ASPECT ORIENTAL, DANS LA PATE.

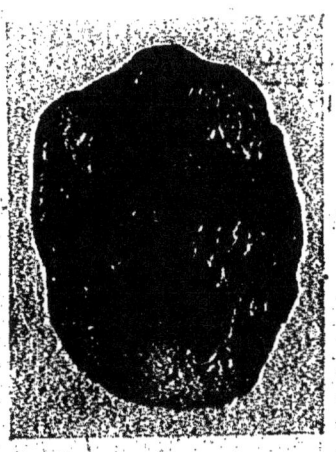

Ce silex, photographié d'après nature, a été soumis par l'auteur à l'examen de plusieurs orientalistes qui n'ont pu comprendre le sens des mots qu'on y voit. Il faut dire cependant que cette ligne ressortait moins sur la pierre que sur la photographie. Pour faire revivre un peu les signes de ce gamahé, il faut en effet que la surface du silex soit saturée d'eau ou humectée de glycérine. L'auteur espère que, parmi les lecteurs, il s'en trouvera qui pourront lui donner quelques renseignements utiles sur cette écriture.

Ce gamahé a été trouvé au bois de Vincennes, près du lac Daumesnil, en 1904.

OBSERVATION
sur l'Orientation des Gamahés

Il arrive assez souvent que l'on ne se souvient plus sous quel angle il faut regarder un gamahé pour y retrouver le dessin déjà remarqué. A cet effet, il est indispensable de consigner, à chaque numéro du catalogue, l'orientation précise de l'objet.

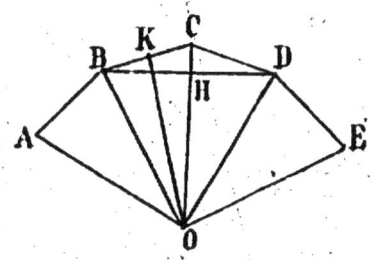

Il y a plusieurs manières de procéder. En voici une assez pratique. — L'observateur se tourne vers l'orient, c'est-à-dire vers l'est, (réellement ou fictivement), et il décrit ainsi le gamahé à étudier.

Soit un silex de forme quelconque A, B, C, D, E, O (inscrit par exemple au catalogue : boîte 3, n° 19). Une tête en H, une autre en K, doivent être regardées dans la position ci-dessus. On écrira donc : « Mettre au zénith le côté de la pierre où se trouve une tache bleuâtre H et une rouge sur le bord en K. Tourner ensuite la pierre de façon que la pointe blanche O soit à l'occident, et l'angle D (coupé par une veine noire B D) au sud-est. » La pierre se trouvera ainsi dans la position voulue (A nord, C est, E sud, O ouest — le spectateur en O).

LISTE DES GRAVURES

Au frontispice : Écriture d'aspect oriental.

Figures		Planches
1	Deux personnages à retournement	1
2	Un naufrage préhistorique	1
3	Le spectre de Napoléon Ier	2
4	Série de portraits sur un silex	2
5	Un sauvetage en bateau	3
6	La maison penchée	3
7	Un cornifère noir	4
8	Un cornifère rouge	4
9	Un coucher de soleil	5
10	Le dieu et la momie	5
11	En détresse	6
12	Le chien de Châtillon	6
13	Don Quichotte	6
14	Deux gamahés trouvés parmi les gouttes de soudure tombées sous le fer d'un plombier	7
15	Un oiseau et ses œufs	7
16	Figure de démonstration empruntée à un gamahé chaotique	7
17	Exemple de scène chaotique	8
18	Exemple de gamahé anatomique	9
19	Exemple d'amulette d'un primitif	10
20	Exemple de gamahé cynomorphe	10
21	Exemple de sculpture microïde ancienne	11

Les Gamahés et leurs Origines

PREMIÈRE PARTIE

> Les gamahés (1) existent dans les trois règnes. Ce sont des dessins, quelquefois des reliefs naturels qu'on découvre principalement dans le silex et dans le marbre. J'y vois l'œuvre non pas du hasard, mais de l'irradiation de l'esprit en certaines circonstances.

CHAPITRE PREMIER

Gamahés dits prophétiques.

Jamais les gamahés n'ont été plus ignorés qu'à notre époque ; sauf quelques rares amateurs, personne ne s'occupe de ces merveilles de la nature. Les savants les attribuent au hasard... et n'y attachent aucune

---

(1) Je crois inutile de rappeler ici les diverses étymologies attribuées à ce mot. Cela importe peu. A mon avis, gamahé vient de *Kamaa*, mot arabe qui signifie « relief ». Cette origine s'explique assez facilement : les premiers alchimistes qui remarquèrent les *pierres d'alchimie* étaient des Arabes. — *Camée* viendrait aussi de *Kamaa*.

importance. Quant à la foule, elle n'en sait même pas le nom; pour elle, le gamahé est aussi chimérique que l'était la hache de silex avant les découvertes de M. Boucher de Perthes, dans les carrières de la Somme.

Et peut-être, à un certain point de vue, faut-il s'en consoler, se féliciter même que ces *Curiosités inouïes*, comme disait Gaffarel (1), ne soient pas à la mode; car autrement, selon toute probabilité, on trouverait bientôt, dans le commerce, des imitations de gamahés au même prix que les antiquités apocryphes et les œuvres d'art suspectes.

Qu'est-ce au juste qu'un gamahé, et comment peut-on le distinguer des débris d'architecture, des vieux bijoux et des amulettes préhistoriques ? C'est ce que je me propose d'expliquer dans cette étude.

Je me souviendrai toujours de mon premier caillou: sur un tas de pierres, au bord de la route, un jour j'aperçus un morceau de silex assez remarquable, car des taches très nettes y dessinaient une locomotive et deux wagons sortant d'un tunnel. Je portai ma trouvaille à un vieil ami, que je supposais capable de m'éclairer sur ce fait insolite ; il m'avait souvent parlé, en effet, des phénomènes du magnétisme et

---

(1) GAFFAREL (Jacques), orientaliste, bibliothécaire du cardinal de Richelieu, aumônier de Louis XIII, etc., s'occupa de sciences cabalistiques. Ses œuvres, où l'on trouve plus d'érudition que d'observation personnelle, ont cependant quelque intérêt par les innombrables citations dont elles sont surchargées. Les gamahistes connaissent surtout de lui : « Les Curiosités inouïes », *Curiositates inauditæ de figuris Persarum talismanicis* (Hambourg, 1629).

même des tables tournantes. On ne connaissait pas encore l'hypnotisme ; les médecins d'alors considéraient les magnétiseurs comme des illusionnistes et des charlatans. Les savants niaient les fluides, le somnambulisme provoqué. Un journal qui se serait, comme aujourd'hui, occupé de phénomènes psychiques, autrement que pour en rire, aurait été disqualifié.

Les choses en étaient encore là, il n'y a pas vingt-cinq ans. Nous autres, les anciens d'aujourd'hui, nous étions des précurseurs incompris... et impitoyablement tournés en ridicule. Pour ces motifs, ma pierre fut montrée à peu de personnes, mais elle me valut quelques explications sommaires, et cet objet, que j'ai regretté souvent d'avoir perdu, détermina ma vocation pour les sciences mystérieuses. Depuis lors je n'ai pas cessé de m'en occuper, et j'ai gardé pour les gamahés une vénération toute particulière.

J'y trouve matière à des études fort intéressantes sur les transformations de notre planète et sur les civilisations primitives qui nous ont précédés dans la nuit des siècles. Voilà pourquoi je collectionne toujours un peu ; et il m'arrive de rester rêveur devant des tableaux merveilleux ou des scènes étranges que je cherche à interpréter.

Ainsi dans ce silex rougeâtre (fig. 1) voici deux têtes fantastiques, celle de l'homme surtout. « Elle peut être une sylphide, dirait un gnostique, mais lui doit être un salamandre, un esprit du feu. »

On sourit... ces gnostiques !... Leurs salamandres !...

Mon Dieu, les gnostiques se rapprochaient plus qu'on ne pense de la vérité. Pourquoi le feu n'aurait-il pas sa faune et sa flore, pourquoi ne serait-il pas un *habitat*, comme l'eau, l'air, la terre? Les quatre éléments, vieux style, en tant qu'habitats, ne me paraissent point si arriérés. Il nous sied, ma foi, de nous en moquer, nous dont les éléments prétendus simples se décomposent un beau matin, en dépit des Lavoisier et des Berzélius, comme il advint en ces derniers temps à l'azote. J'eusse été bien reçu vraiment de dire, il y a trente ans, que l'azote n'est pas un corps simple. Et cependant, qui aurait eu tort? Admettez donc des habitants dans tous les habitats possibles; là où passe la chaleur circule la vie, et, n'en déplaise aux railleurs, on peut très logiquement soutenir, jusqu'à preuve du contraire, qu'il y a des êtres vivants dans l'électricité, comme des poissons et autres créatures dans l'océan.

Les quatre éléments primitifs, la terre, l'eau, l'air, le feu, se retrouvent sous une forme plus « scientifique » dans les quatre états principaux de la matière, solide, liquide, gazeuse, ignée (électrique-lumineuse); les gnomes, les ondins, les sylphes et les fameux salamandres n'étaient donc, à bien prendre, que les personnifications symboliques de ces états mêmes. Et j'en arrive à dire que la matière *morte* n'existe pas, — sur la terre, du moins, où toutes les molécules vivent réellement; un afflux et un exflux de forces magnétiques sollicitent les atomes à la cohésion, autrement ils se désagrégeraient en atomes indépendants, dispersés, errants; ce qui prouve déjà que la matière ne prend une forme que selon la quantité et la qualité de l'influx vital qu'elle reçoit. La vie par conséquent se manifeste en espèces simples ou perfectionnées suivant qu'elle anime tel ou tel milieu, et les connaissances acquises, les goûts, les passions différencient encore ces espèces en individualités. Puis de communes sympathies, de communes pensées ou passions localisent, dans l'espace, des groupes d'êtres, attirés, liés entre eux par l'amour du bien... ou aussi du mal. Des planètes se forment, des astres s'allument, la vie continue, et les évolutions passées de l'humanité recommencent. Ce qui fut est encore, ce qui est sera de nouveau ; ces mers, ces îles, ces rochers où se brisent nos vaisseaux (voir fig. 2) ont eu leurs pareils dans le temps et l'espace ; quand ils auront disparu, ils reparaîtront sur une autre planète, car tôt ou tard il adviendra que, dans un site analogue, des vaisseaux analogues se briseront encore.

Cette hypothèse s'accorde en tous points avec la doctrine philosophique de Nietzsche sur les créations successives du Hasard. Une force aveugle, versant aveuglément la vie dans la matière, ferait renaître, selon cet auteur, toutes choses éternellement ; sortant de mêmes combinaisons atomiques créant des situations matérielles toutes semblables, l'humanité, après des siècles de chaos, reparaîtrait, renaîtrait dans les mêmes phases de l'histoire, issue d'identiques reconstitutions géologiques, physiologiques et sociales.

Je ne partage pas complètement cette manière de voir ; mais je lui donne ici le pas sur les autres théories pour bien démontrer aux matérialistes, soi-disant *positifs*, que leur système ne conduit pas à l'absolu néant, à la destruction finale de tout. S'ils veulent rester « positifs », c'est-à-dire ne pas être illogiques devant ce Hasard dont ils invoquent la toute-puissance, ils se verront amenés, comme Nietzsche, à capituler devant les lois mathématiques des probabilités ; leur « Hasard » les conduira, de déductions en déductions, à la *chance intégrale* des résurrections consécutives, revenant toujours analogues ou identiques, en certaines périodes indéterminées, *résurrections perpétuelles du passé pendant l'*ÉTERNITÉ. Et voilà comment le dernier mot, la dernière conséquence du matérialisme, c'est la géniale conception de Nietzsche, la *négation même du néant*.

Mais, à mon sens, quelque ingénieuse qu'elle soit, cette théorie part d'un principe faux ; je ne saurais admettre la vie comme force inintelligente, comme moteur aveugle ; et nous voici devant l'autre hypothèse contraire, à laquelle je me rallie : l'existence d'un *Esprit universel*.

Soit qu'on envisage cette intelligence au point de vue monothéiste, soit qu'on la considère avec les panthéistes comme une synthèse des volontés directrices du monde, on a la perception morale de Dieu, l'on trouve dans le spiritualisme une explication beaucoup plus plausible des merveilles de la nature que dans les coups du Hasard.

Cependant pour ne pas m'aliéner les libres-penseurs de ce siècle, pour ne pas les décourager et les rendre hostiles à l'étude des gamahés, j'admets un moment le matérialisme et ses conséquences rationnelles, j'admets les coups du Hasard et les résurrections de Nietzsche. Cela ne gêne en rien ma thèse, ma croyance à la chute sur la Terre de certaines pierres portant des images d'autres humanités antérieures.

Voilà comment sur un silex ayant des siècles et des siècles, sur un fragment de quelque bolide interplanétaire parvenu jusqu'à nous, on peut trouver la peinture d'un passé lointain donnant l'illusion du présent ou même de l'avenir.

On verra ici la reproduction d'un de ces gamahés qui ont des apparences prophétiques (fig. 3) (1). Cette pierre, dite de Napoléon, a fait partie de ma collection; je l'ai cédée, mais le présent dessin est l'esquisse très exacte d'un agrandissement photographique d'après nature.

Quel était, s'il ne s'agit pas de Napoléon lui-même, ce personnage qui ressemblait tant au conquérant de l'Europe ? Comment sur ce petit caillou, descendu sans doute des hauteurs de la Côte d'Or dans les eaux de la Seine, puis jeté dans les jardins de la banlieue de Paris, comment dans ce fragment de faïence naturelle voyait-on le spectre du grand empereur, coiffé de son légendaire chapeau et entouré d'une auréole ?

Faut-il admettre que, la Nature se répétant sans cesse, un homme, ayant ressemblé à Napoléon Ier, aurait existé, soit sur la terre, soit sur une autre planète ? A sa mort, par une irradiation de son esprit,

---

(1) En spiritualiste bien convaincu, je m'explique la création de ce gamahé non point suivant les théories de Nietzsche, mais simplement par une préoccupation psychique d'un groupe astral (Société de génies).

l'image de son corps se serait fixée dans la pierre (1).

C'est là un effet du rayonnement de la pensée humaine analogue à ce qui se produit sur l'enfant quand la mère éprouve une *envie*. Ces gamahés sur chair ont encore des incrédules. Que diraient ces néantistes si on leur démontrait que pareil phénomène a lieu chez les animaux et même dans la substance des plantes ? J'ai vu dans ma jeunesse, sur les fleurs d'un arbuste, divers attributs du crucifiement : le marteau, les clous et la couronne d'épines. Je possède une pomme de terre qui figure un être humain accroupi, étendant le bras droit. Dans un parquet, j'ai reconnu une parente.

Ce sont là, comme je vais le prouver plus loin, des effets de la foi, des émotions, des craintes ou des souffrances des personnes qui meurent, et encore du rayonnement de certains vivants doués d'un tempérament spécial : médiums, somnambules, neurasthéniques.

---

(1) Les fluides humains auraient-ils une affinité spéciale pour la silice ? Est-ce pour cette cause que des glaces se brisent parfois dans un appartement où quelqu'un vient de décéder ? M. Becquerel donne aux silex une origine électrique ; elle confirme en partie mes suppositions sur le transport des images humaines par l'électricité dans les pierres à base de silice et autres cristallisations.

CHAPITRE II

Gamahés des cataclysmes.

Comment la pensée peut-elle à distance impressionner une pierre en fusion, un limon qui dépose, les cellules du bois qui se forme, la chair qui va naître ? Je vais essayer de l'expliquer par l'extériorisation de l'esprit humain.

Je ne m'arrêterai pas à rappeler ici les expériences du docteur Baraduc, photographe d'idées, du docteur Fugairon, du commandant Tégrad, de M. Edison fils, etc. Je suppose qu'aucun de mes lecteurs n'ignore les découvertes faites dans cette voie; l'esprit d'un vivant ou d'un moribond peut s'extérioriser, c'est une forme de la télépathie, et ce phénomène a été scientifiquement constaté grâce à de consciencieux observateurs et à d'innombrables témoignages. Lorsque l'homme meurt, son esprit, son *moi* se dégage très vite, presque instantanément. La fameuse enquête de M. Flammarion (1) a éclairé ce point par des cen-

---

(1) L'astronome Camille Flammarion a publié les résultats de cette enquête dans un ouvrage récent qui a eu un grand retentissement.

taines de relations concordantes. Où va la personnalité du défunt ? Je n'ai pas à m'en occuper ici ; c'est une question d'un autre ordre et qui n'intéresse pas directement mon sujet ; chacun peut avoir une opinion différente sur la survie ; peu m'importe en ce moment. Je me borne à retenir ce fait acquis : c'est que l'esprit de certaines personnes projette son image matérielle, son fantôme, loin du corps qu'il quitte temporairement ou définitivement, selon les circonstances, préoccupations ou maladies.

Non seulement l'esprit peut se manifester ainsi aux yeux d'un vivant, mais encore il peut fixer sa forme corporelle, soit par la photographie, soit par un moulage, soit par des dessins spontanés. Il y a plus encore : l'apparition, au besoin, deviendra tangible, déplacera des meubles, parlera, laissera après sa disparition des morceaux de ses vêtements, des mèches de cheveux comme souvenir. Ces choses invraisemblables arrivent et ont eu des témoins : non des hallucinés ou des naïfs, mais des observateurs de premier ordre, des savants illustres et dignes de foi, tels que l'éminent physicien anglais William Crookes ; le Dr Lombroso, professeur à l'Université de Turin ; M. Zölner, directeur de l'Observatoire de Prague ; M. Askakof, conseiller à la cour de Russie ; M. le Dr Gibier, M. le colonel de Rochas, ancien administrateur de l'École polytechnique, et une foule d'autres courageux champions de la vérité, que je voudrais tous nommer pour appuyer ces faits du prestige de leur science.

Néanmoins beaucoup de gens n'hésitent pas à contredire de pareils témoignages ; ce sont des aveugles de parti pris, qui ne se rendent pas, même devant l'évidence. Leurs dénégations n'empêcheront pas le fait d'exister. On le niait hier, on en doute aujourd'hui, on l'admettra demain.

A mon avis, les phénomènes d'extériorisation psychique peuvent donner la clef de ces portraits troublants, de ces groupes fantastiques qu'on découvre sur les gamahés (voir fig. 1, 2, 4, 5, 6, 8, 10, 11, 17). En effet, tous ou presque tous les dessins naturels sur pierre, soit dans la pâte, soit dans les bouillonnements, représentent des scènes de désolation. De quelles tristesses, de quelles douleurs oubliées nous parlent-ils encore, dans les scories volcaniques, dans les laves vitrifiées, dans les marbres polychromes, dans les agates translucides, dans les calcédoines écumeuses ? Nous racontent-ils des éruptions tragiques, l'ensevelissement des Pompéi de la préhistoire ; remontent-ils encore plus loin dans le passé, nous apportant la vision apocalyptique d'un cataclysme gigantesque, d'une transformation géologique de notre planète ?...

La chute du ciel, si l'on entend par ces mots une collision d'astres ou de satellites, ne me paraît pas un mythe. A une époque très reculée, qu'on ne saurait fixer approximativement, il est tombé des pierres innombrables sur la terre et aussi des blocs énormes, des montagnes peut-être. Cet événement a été longtemps mis en doute, mais à présent il paraît plus probable. Le choc dut être terrible ; non seulement il laissa des traces profondes dans la configuration des continents, dans les stratifications du sol, mais il demeura, malgré la poussière des siècles, gravé dans la mémoire des générations. Un auteur bien connu, qui a eu ses grands jours dans la science officielle et qu'on ne taxera certes pas de spiritualisme, la savante et très matérialiste Clémence Royer, a jadis exposé toutes les raisons qui militent en faveur de cette théorie des incrustations satellitaires, aujourd'hui moins décriée qu'au siècle dernier (1). Un satellite, échappé de je ne sais plus quel orbe, serait venu choir sur notre monde et y jeter une profonde perturbation. D'autres écrivains, moins matérialistes mais tout aussi érudits que Clémence Royer, ont soutenu la même thèse ; les enfouissements d'antiques cités, les amas inexplicables de roches incohérentes sur le nord de l'Afrique, le sud de l'Europe, la Bretagne, le Monténégro, certaines parties de l'Asie et l'Australie, semblent la confirmer pleinement. Sur ce sujet, on relira avec intérêt l'œuvre déjà ancienne de M. le baron d'Espiard de Colonge, où se trouve cité ce qu'on connaît du chant celtique de Sindorix, dernier écho de la grande pluie des pierres (2).

« Le barde Sindorix pinçait d'une lyre d'ivoire, enrichie d'or, présent des Dryades...

« Des jeunes hommes assis étaient autour de lui, la tête nue; une cuirasse d'argent sur un habit d'or et d'azur, et des souliers pentagoniques étaient leurs

---

(1) Qu'est-ce que l'hypothèse de Laplace ? une hypothèse et rien de plus. Pourquoi la préfère-t-on généralement à d'autres ? Parce qu'elle leur est antérieure et qu'on y est habitué.
(2) Les Grecs en ont eu connaissance aussi ; ils l'attribuaient à Deucalion, le rénovateur du genre humain.

vêtements. ils écoutaient les merveilles du ciel et suivaient la marche des mondes.

« Tout à coup l'horizon s'obscurcit... Des nuages épais, un vent impétueux (voir fig. 6 et 9) ont troublé l'atmosphère.

« L'amas d'étoiles qu'on suivait disparait sous des voiles sombres... Zêta, Zéros, Eblis ont disparu ! Uranus précède Saturne... Nous ignorons les millions de dieux dont le règne influença un moment notre planète. »

Hésiode, parlant de la « chute du firmament », dit aussi : « Pendant neuf jours et neuf nuits, l'enclume d'airain tomba du ciel sur la terre. »

« Spectacle terrifiant ! Les deux ou trois petits satellites qui accompagnaient la terre, dit un autre auteur, se précipitèrent à sa surface par blocs énormes, avec ce bruit sinistre dont parle Hésiode. Ils ensevelirent de vastes régions, comblèrent des bras de mer et des fleuves, changèrent les climats, apportèrent de nouveaux germes. » Ce désastre fut encore aggravé sans doute par des convulsions sismiques et une éruption générale des volcans. L'Atlantide sombra, mais l'Australie — et beaucoup d'îles de l'Océanie — épaves d'un satellite, apparurent dans le Pacifique, avec une faune et une flore sensiblement différentes de celles des anciens continents.

Tandis que l'effondrement des roches et le torrent des eaux supérieures couvraient des régions entières, un nouveau monde semblait sortir de ce chaos. Moïse prit la création de son « univers » terrestre à ce point de l'histoire des mondes; c'est là que commence sa genèse, vague réminiscence de deux traditions confondues par l'ignorance des narrateurs.

Sous les boues, sous les laves, sous les rocs incandescents, des hommes, des animaux périssaient par milliers. Quelques-unes des victimes, se trouvant dans certaines conditions physiques et physiologiques favorables à ce genre de manifestations, reproduisirent dans la matière enflammée les dernières scènes de leur vie interrompue. Regardez ce couple déjà cité (fig. 1). L'homme a la chevelure et la barbe enflammées, le feu tourbillonne autour de sa tête, tels les panaches aux cimiers des armoiries allemandes. La femme présente une physionomie moins anxieuse, encore que l'œil trahisse un trouble évident. Ce gamahé est à retournement. Pourquoi ? Je l'ignore. C'est une bizarrerie peut-être voulue; elle paraît même assez fréquente, au dire d'autres collectionneurs. Pourtant, j'en ai vu peu d'exemples; je parle de retournements réels et non imaginaires, comme il arrive quand on observe à la légère.

Donc en regardant la figure 1 à l'envers, deux autres têtes se dessinent, toujours avec des chevelures incandescentes. La femme semble cependant porter, de ce côté, une espèce de mitre ou un bonnet. A mon avis, nous voyons dans cette pierre volcanique un effet d'extériorisation de deux ou de quatre personnes frappées au même instant. A remarquer, en passant, le nez étrange des hommes. On dirait des nez rapportés et peints. J'ai vu plusieurs fois ce cas dans les gamahés. Peut-être les hommes avaient-ils l'habitude, alors, de se peindre, de se tatouer le nez ou de l'orner d'un appendice factice... Ne rions pas trop de cette idée. On connaît assez les excentricités de nos us et coutumes. Parmi les sauvages actuels, n'avons-nous pas les Botocudos du Brésil, qui se déforment la lèvre inférieure en y plaçant un disque de bois large comme une soucoupe ? D'autres primitifs se barbouillent la figure et le corps de tatouages multicolores, se déforment le crâne, s'embrochent le nez, se lacèrent le corps.

Dans le même ordre de faits, je citerai la « mode » des cornifères vus sur les gamahés. On en trouve assez fréquemment, des cornifères. Or de deux choses l'une : ou bien les esprits qui ont imprimé ces images sortaient d'une race humaine cornue, — ce qui ne me paraît pas inadmissible, — ou bien il s'agirait là d'une coutume, d'une coiffure (voir fig. 7 et 8) se composant peut-être simplement de deux plumes, comme en portent encore les Maoris de la Nouvelle-Zélande.

J'ai noté aussi, dans les silex agatiques, des faces bovines sur des corps humains. On en voit un exemple à la figure 5. Ce faciès paraîtrait diabolique (1) à un observateur superstitieux. Je préfère voir simplement dans cette face bovine un masque porté par certaines

---

(1) Dans l'antiquité, en Asie Mineure et en Égypte par exemple, le masque jouait un rôle important dans les cérémonies religieuses ; il subsiste encore en Chine et dans l'Inde. Nous avons aussi en Europe des ordres ou sociétés catholiques qui portent la cagoule. Si jamais dans les siècles futurs nos descendants découvrent des portraits de pénitents, ces dévots, jugés sur l'apparence, passeront probablement à leur tour pour des diables.

sectes, soit par des pénitents, soit par des prêtres du Dieu Bœuf, le dieu des troupeaux. On peut supposer encore que plusieurs races d'hommes contemporaines vivaient côte à côte, intimement mêlées, ou qu'il existait, dans ce monde, des animaux quasi-humains et domestiqués. Je me borne à signaler ces diverses hypothèses.

L'homme-bœuf de la figure 5 se penche sur une embarcation vue de face; car, de chaque côté de la proue, deux gros yeux rappellent les écubiers de nos bateaux. Des monstres marins s'agitent au-dessous de la barque. Ils ne figurent pas ici sur le croquis ; ils auraient compliqué inutilement le dessin ; mais évidemment le noyé est attiré par l'homme-bœuf. Donc c'est une scène de sauvetage,... du moins cela semble assez probable. Pendant la chute des satellites, tous les éléments durent contribuer à décimer l'humanité. Scènes d'horreur, têtes grimaçantes, faces tuméfiées, corps écrasés, incendies, naufrages, éboulements, tempêtes (fig. 2, 5, 6, 8, 11), ne vous attendez guère à trouver autre chose dans les gamahés. Pourtant j'en présenterai un plus attrayant, qui fait exception à cette règle. On pourra, si l'on veut, l'expliquer comme suit. Un vieillard (fig. 9), portant une barbe très longue et coiffé d'une mitre, s'endort ou meurt près de la mer, en face du soleil couchant, dont on aperçoit le disque à l'horizon. Sur la pierre, ce fond du ciel est d'un ton orangé et chair. L'océan s'agite au loin, il a une couleur limoneuse. Mais, qui sait? Le vieillard assiste peut-être, lui aussi, aux désordres précurseurs du satellite qui va tomber;

l'épouvante va hâter son trépas ; déjà le corps repose sur un lit. N'est-ce pas même là un sarcophage ? L'ensemble a un certain cachet artistique, bien que le disque du soleil ne soit pas d'une régularité parfaite.

Je pourrais décrire encore d'autres échantillons ; mais j'ai assez parlé des gamahés attribués à l'irradiation psychique au moment de la mort. Je passe à d'autres observations.

CHAPITRE III

Gamahés des frayeurs ou des exaltations.

L'effroi ou des impressions violentes, le fanatisme religieux ou politique, peuvent provoquer la création spontanée d'un gamahé, sans que d'autre part il y ait mort d'homme. J'ai assisté, une fois, à la formation, par éclatements, d'un cynomorphe (1) calcaire dont voici le croquis (fig. 12). Il est dû, non pas au hasard, comme le supposent beaucoup de personnes, mais aux frayeurs diverses d'un groupe de quatre voyageurs et de deux animaux.

Sur la route, une carriole attelée d'un cheval ombrageux venait à une allure un peu vive. Autant qu'il m'en souvient, le véhicule contenait quatre voyageurs, un homme d'environ quarante ans qui conduisait, une femme assise près de lui et, par derrière, deux jeunes filles ou deux enfants. Soudain, à un croisement de chemins, un chien surgit et s'élance, en aboyant, vers la voiture ; de l'autre côté du trottoir, un gamin de

---

(1) J'appelle *cynomorphes* les gamahés qui représentent des chiens ou des animaux analogues.

douze ans lui jette maladroitement un caillou, qui rebondit et n'atteint que le cheval. Ce dernier s'emballe, fait un brusque écart, et l'une des roues passe sur une grosse pierre qui s'écrase en partie.

Les trois femmes poussent des cris et finalement la voiture s'éloigne, sans autre accident, dans une galopade rapide. Le chien se calme, l'enfant s'en va ; je ramasse soigneusement les morceaux de la pierre heurtée, pour les examiner. J'espérais en effet y trouver des traces significatives de cette scène. Je ne fus pas complètement déçu. D'abord, certains morceaux pouvaient à la rigueur rappeler la tête du cheval ou un fragment de roue ; mais je les éliminai, comme discutables. Je trouvai, en revanche, le cynomorphe représenté à la figure 12. On y distingue la tête du chien, en relief, assez bien venue, avec une tache sur l'œil. Reproduction fidèle, c'était justement le portrait de ce roquet malencontreux ; seulement il était noir, tandis que la pierre était blanche. Le reste du corps, très vaguement ébauché, se devine.

Qui a produit ce gamahé ? L'extériorisation de la frayeur d'un des quatre voyageurs, ou de l'un des deux animaux, ou du groupe ? Je me souviens très bien de la scène : le cheval entendit le chien, mais il ne le vit pas ou mal. Le roquet aboyait prudemment par derrière, à distance du fouet. Au contraire, le cheval dut bien voir, avant de passer sur la grosse pierre, le gamin qui lui jeta un caillou. Pourtant, c'est un chien qui se forma dans le gamahé. Le cheval avait donc plus peur du chien que de l'enfant. Les femmes devaient penser également au chien. Il y a, dans cet ordre de faits, des expériences très instructives à tenter, et qui expliqueraient bon nombre de prétendus miracles ; un musulman fanatique cassera une statue de marbre, il y trouvera en relief un croissant ou un minaret, ou la Kaaba ou quelque autre objet de sa religion. Un chrétien fervent enlèvera un autre morceau de cette même statue : il s'y formera peut-être, à son grand étonnement, une croix, un cœur, une couronne d'épines... ou quelque autre symbole de ses propres croyances. Voilà la théorie ; maintenant, voici des faits.

Une religieuse maladive laisse tomber une brique qui s'écorne. On lit *Amen* sur la partie entamée. En 1870, une famille d'Alsaciens, autant qu'il m'en souvient, horrifiés par une bataille dont ils ont entendu le tumulte lointain, prient pour les morts et les blessés. Dans l'épaisseur même d'une vitre, on voit alors se former des croix mortuaires et je ne sais plus quel symbole. On détache la vitre miraculeuse, on l'expédie à Paris chez des spirites. Ceux-ci regardent attentivement le verre, il n'y a plus rien... Que raconterais-je de semblables prodiges ? Ils se renouvellent sans cesse. N'est-ce pas toujours l'esprit qui, volontairement ou non, trace ces images dans les milieux favorables ?

L'homme, même en bonne santé, possède aussi quelquefois cette étrange faculté, lorsqu'il est sous l'empire d'une vive émotion.

J'ai fait certaines expériences à ce sujet, et je crois devoir en rapporter ici quelques-unes ; car, pour moi, elles expliquent la pierre de la Salette, Vintras et ses hosties illustrées, beaucoup de miracles anciens et modernes.

J'ai observé surtout les effets de transmission de pensée dans des matières en fusion. Il arrive que du plomb fondu, jeté sur le sol ou dans de l'eau, présente en se solidifiant des aspérités, des reliefs, des sillons en rapport avec les préoccupations dominantes de l'opérateur. Le difficile est de savoir apprécier ces formes, de les classer, de les traduire. Des devins prétendent y lire l'avenir. Je crois qu'ils se vantent, mais leurs observations reposent sur un phénomène réel. Ainsi la figure 14 (A, B) semble tout d'abord n'offrir aucun intérêt ; c'est un peu de soudure tombée sur le sol. Oui, mais ces deux gouttes deviennent fort curieuses dès qu'on sait comment elles ont été formées.

Un couvreur se trouvait dans une position périlleuse au sommet d'une maison. Je l'observais pendant qu'il se préparait à resouder un branchement de gouttière. Sa préoccupation de s'installer, jointe à celle de ne pas glisser sur cette toiture difficile, rendait l'ouvrier soucieux ; les allées et venues de deux chiens de la maison paraissaient aussi lui suggérer je ne sais quelles réflexions, — un troisième avait été tué la veille par la chute de planches et de divers matériaux.

Enfin, après avoir allumé son fourneau et fait fondre le métal, le couvreur procéda aux réparations nécessaires, et, comme toujours en pareil cas, il laissa tomber des gouttes de soudure. Après son départ, j'en ramassai plusieurs et les examinai à la loupe. Sur le nombre, j'en trouvai deux à classer. La première (fig. 14, A) rappelle par la disposition de ses bavures un appentis qui donne accès dans la maison où travaillait le zingueur et dont à côté je publie le croquis. Les deux arcades sous l'escalier se trouvent représentées en B, assez grossièrement il est vrai, mais on les reconnaît sans peine. A cette réminiscence d'architecture s'est jointe celle des chiens; l'un de ces animaux, dans ce gamahé métallique, a la forme fantomatique d'une gargouille d'église. Mais il ne faut pas oublier que c'est de la pensée prise au vol !

Quant au reste des gouttes examinées, je n'ai pu les interpréter ; il est cependant à présumer qu'elles avaient certains rapports avec les pensées fugitives du couvreur.

Certaines expériences du même genre ont été faites par moi, sans succès, avec des gouttes de silicate de potasse. Mais j'ai réussi parfois avec les gouttes de plomb ou d'étain.

CHAPITRE IV

Une classification.

Maintenant que j'ai dit comment ont pu se former les gahamés primitifs, comment il peut s'en former parfois encore sous nos yeux, je vais en donner une classification, fondée sur les diverses origines de ces objets.

PREMIÈRE CLASSE

Gamahés à ressemblances historiques, dits prophétiques.

EXEMPLE : *Le spectre de Napoléon I*ᵉʳ (fig. 3).

Je possède un silex portant un dessin analogue ; mais l'empereur vient de droite, son chapeau est beaucoup moins distinct, le cercle figurant la couronne submergée s'y voit aussi vers le haut de la pierre. Chose assez bizarre, un oiseau s'y trouve également, mais plus visible ; il a le cou trop long pour un aigle.

J'ai eu l'occasion autrefois d'examiner une agate où l'on distinguait très clairement le portrait de Louis XVI vu de profil, dans un triangle (le triangle de la guillotine).

Le paysan à qui appartenait cette pierre ne voulait la céder à aucun prix. Il est mort, et ses héritiers ont probablement jeté ce caillou sur la route.

J'ai parlé encore, au début, d'un silex où l'on voyait un train sortant d'un tunnel. Voilà vraiment un dessin prophétique, ou bien c'était une réminiscence d'un autre monde ; car nos chemins de fer terrestres n'existaient pas il y a cent ans, tandis que le silex en question avait au moins plusieurs centaines de siècles.

En Amérique (était-ce des gamahés ?) on trouva, il y a quelque vingt ans, dans une caverne où de mémoire d'homme personne n'avait pénétré, des bas-reliefs ou des dessins gravés représentant une machine compliquée.

Au siècle dernier, un voyageur découvrit à la Terre de Feu des têtes en pierre sculptées portant des besicles. J'ai possédé pendant quelque temps un gamahé sur bois représentant la Joconde ou une tête analogue, car évidemment la plupart de ces ressemblances sont approximatives.

Prophétiques ou non, les gamahés à réminiscences sont extrêmement rares et ont beaucoup de valeur.

DEUXIÈME CLASSE

Les Gamahés ordinaires non prophétiques sont, comme les précédents, dans la pâte ou en relief ou mixtes (bouillonnements colorés). Ils se subdivisent en quatre genres.

PREMIER GENRE. — *Les très anciens*, que j'attribue à l'extériorisation de la pensée humaine, à l'esprit irradiant des victimes de certains cataclysmes terrestres. Dans les pierres en fusion ou dans les sédiments limoneux se sont fixées, à l'heure de l'agonie, les angoisses des hommes brûlés vifs par des volcans, ou tués par la chute des corps célestes qui, suivant une tradition celtique, tombèrent sur la terre à une époque très reculée. L'image des animaux se rencontre aussi (fig. 15 et 16).

Cette période, que Moïse crut être le chaos, marqua en réalité le recommencement de notre monde. On peut supposer que l'Atlantide disparut alors sous les flots, tandis que le niveau des mers montait en immenses raz de marée, sous la chute d'un nouveau continent.

2⁰ GENRE. — *Les gamahés dits récents*, c'est-à-dire ayant eu pour cause des catastrophes comme celles de Pompéi, de la Martinique, etc. (Je suis persuadé que les laves du Mont Pelé contiennent, à l'heure présente, des représentations de notre vie moderne : jeunes filles mortes brûlées devant leurs pianos, commerçants asphyxiés dans leurs magasins, attelages, voitures, camions incendiés, navires désemparés sombrant sous la mitraille du volcan, etc.) (1).

3ᵉ GENRE. — *Les gamahés (anciens ou modernes) sans mort d'homme*, ceux qu'on pourrait appeler d'*accidents secondaires* et que chacun peut créer involontairement dans certaines circonstances, sous le

---

(1) Je possède un silex bien curieux représentant la demeure effondrée d'un potier. On voit des amphores, des pots. Les victimes encore couchées dans leurs lits. Lits grossiers reposant sur des poutres munies de rondelles de bois. Je regrette de ne pouvoir publier le dessin de cette pièce.

coup d'une vive frayeur ou du fanatisme : tels sont les gamahés hippomorphes, cynomorphes, etc., dont je parlerai plus loin et qui abondent dans nos campagnes. Ils peuvent se produire aussi dans les métaux en fusion, dans les pâtes de verre, dans le pain, les végétaux, le sang extravasé, etc.

4° GENRE. — *Les gamahés-amulettes ou mixtes.* Il ne faut pas les confondre avec les amulettes proprement dites. Il s'agit ici de gamahés naturels, retaillés ou sculptés par de très anciens artistes en amulettes. (Voir comme exemple la figure 7.)

TROISIÈME CLASSE
Les Gamahés faux.

Dans cette classe on placera :

PREMIER GENRE. — Toutes *les amulettes et idoles* taillées par des primitifs (voir fig. 19, 20), et aussi les abraxas, les talismans sculptés ou gravés, etc.

2° GENRE. — *Les débris* douteux d'architecture ou de céramique, les fragments de bijoux, etc.

Ces objets divers sont innombrables ; néanmoins il ne faut pas les détruire ni les rejeter ; beaucoup sont plutôt précieux au point de vue archéologique. J'en ai trouvé parfois d'inexplicables, ornés de signes bizarres, symboles ou inscriptions de races inconnues. J'ai vu aussi des bas-reliefs qui semblent provenir de monuments lilliputiens, ou qui sont des bijoux étranges qu'ont dénaturés les intempéries et les décompositions chimiques du sol (fig. 21).

CHAPITRE V

Remarques complémentaires. Pierres chaotiques ou fulgurées. Pierres anatomiques.

On voit par cette classification élémentaire que je réserve, dans la formation des gamahés, la plus large place à l'intervention humaine, — consciente ou inconsciente, — soit qu'il s'agisse d'un travail manuel (amulettes, bijoux et autres), soit que, dans d'autres cas, les émotions de l'âme aient laissé une trace fluidique dans la substance ou à la surface des minéraux ou des corps organiques.

J'ajoute que les hommes n'ont pas seuls cette faculté. Fréquemment on découvre des animaux peints sur les pierres, le bois, etc.; j'y ai vu des chiens surtout et des loups, parfois des monstres marins (voir fig. 2 sous la galère), des oiseaux (fig. 15), des singes, etc.

En outre, on découvre sur certains gamahés des animaux qui n'ont point leurs pareils sur la terre; ils nous paraissent fantastiques; mais, à bien prendre, le sont-ils plus que ces monstres prétendus antédiluviens, tels que le ptérodactyle, le labyrinthodon et tant d'autres ?

Voici un cheval (fig. 16) à mâchoire crocodilienne qui, s'il existe quelque part en chair et en os, doit avoir des instincts bien féroces. Dans cette empreinte (fig. 17) qui sillonne de traits ténus et enchevêtrés une pierre bleuie par la foudre, nous voyons le même animal irrité, cabré, chimère incandescente; cette bête de cauchemar semble aux prises avec une autre créature d'apparence démoniaque. Une tête léonine se montre au-dessus, dans des volutes de fumée. Voilà une lutte épique de monstres qu'on pourrait supposer tout d'abord enfantés par l'imagination moyenâgeuse de quelque enlumineur barbare. Mais l'homme est bien étranger à cette fantasmagorie. Cette scène a été imprimée par des fluides d'animaux inconnus, ou peut-être simplement défigurés, dans un trouble subit au moment du phénomène; car un peu au-dessous d'eux, à l'extrémité du silex, se trouve en relief une tête de grenouille bizarre, mais encore fort reconnaissable. Quelle corrélation peut-il exister entre la foudre, ce batracien, ces dragons furieux ? Il y a là bien des hypothèses à examiner.

Voici une autre pierre dont la formation n'est pas facile non plus à expliquer (fig. 18). Dans la pâte du silex, mais avec un léger relief, apparaît une tête humaine, ou plutôt la coupe verticale d'un crâne présenté de profil comme une pièce anatomique (1). L'œil est rougeâtre, aspect que j'ai observé parfois

---

(1) A remarquer que l'œil est couleur de rouille, comme cuit, carbonisé, et que les yeux de la grenouille citée plus haut ont la même apparence.

dans des têtes en relief, mais ce n'est pas une règle générale. Cette tête, en demi-relief, a des couleurs pâles, assez caractéristiques, d'atlas anatomique.

Dans l'intérieur du crâne, à la place du cerveau, j'ai cru distinguer vaguement un paysage; mais je n'affirme rien sur ce point. Tout le reste est au contraire d'une netteté exceptionnelle. Au-dessus du crâne se détache un petit haut-relief extrêmement bizarre ; d'abord un nain ou une fillette, la tête recouverte d'un long voile retombant comme une robe jusqu'aux pieds. Derrière, marche un autre personnage, en pantalon bouffant, ayant une physionomie de vieillard ou plutôt de duègne aux cheveux ondulés. Le tout, taillé, modelé par la nature presque à la perfection. Mais l'imprécision du sujet, un bras brûlé (le bras gauche du personnage non voilé), décharné et couleur de rouille comme l'œil de la pièce anatomique, des pieds informes, tout pour le connaisseur indique que ce gamahé s'est créé dans une ébullition ignée. D'ailleurs, un artiste aurait eu l'ambition de faire valoir son œuvre et n'aurait pas composé des personnages si petits, avec des extrémités carbonisées dont, — bizarre invraisemblance, — ils ne paraissent pas se préoccuper.

Les pièces anatomiques que j'ai trouvées, et qui sont fort rares, ont aussi ce caractère particulier de présenter un ensemble en apparence exact avec un certain nombre de détails faux.

On dirait de l'anatomie de fantaisie. Faut-il croire que les organes ainsi représentés n'étaient pas identiquement semblables aux nôtres ? N'est-ce pas plutôt l'effet de l'ignorance ou des souvenirs incomplets des esprits dont la pensée se manifesta dans ces pierres ?

J'ai eu en ma possession une jambe (le mollet et le pied) parfaitement dessinée (1), je dirai même à la perfection ; le pied était chaussé d'une espèce de brodequin ; mais il n'avait pas la longueur habituelle ; il paraissait plus court (comme un pied de femme chinoise). La semelle fort épaisse ajoutait à cette ressemblance. Ces pièces tendraient à prouver qu'on se trouve en présence d'autres races que celles de l'humanité contemporaine.

J'ai dans ma collection, à la surface d'une agate polie, le dessin d'un ventre ouvert. Je le crois du sexe féminin et d'espèce simienne, car il en sort trois rubans qu'on prendrait pour des intestins ; mais chaque ruban est terminé par une tête d'animal. Je rapproche cette observation d'une autre analogue. Dans les pierres chaotiques, on voit fréquemment des guirlandes de masques. Cela ressemble assez à ces troncs d'ormeaux chargés d'excroissances parasitaires ou à une grosse branche le long de laquelle bourgeonneraient, au lieu de rameaux secondaires, des têtes de dragons et d'hommes grimaçants. Ces branches suivent généralement l'arête la plus aiguë de la pierre. Elles sont le produit de l'ébullition primitive du minéral.

Que représentent-elles ? Peut-être le mystère profond des germes animaux poussant des rameaux vers l'humanité.

---

(1) Complètement dans la pâte.

CHAPITRE VI

Amulettes et Sculptures.
Abraxas et Sigillums.

Parlons maintenant des gamahés faux ou douteux, c'est-à-dire ceux de la troisième classe. Généralement, ce sont des amulettes fabriquées par des peuples sauvages bien antérieurs à nos ancêtres connus. Ces objets (voir fig. 19 et 20) sont toujours bons à classer ; certains d'entre eux peuvent avoir un très grand intérêt au regard de l'histoire.

Ils sont parvenus jusqu'à nous, quoique exposés à toutes les causes de destruction; on peut dire que personne encore ne s'en soucie ; ils restent indéfiniment sur le sol tant qu'une charrette ne les a pas pulvérisés ou qu'un maçon ne les a pas enfouis dans un mur. Et on en trouve toujours, car il y en a de grandes quantités (1) ; mais la plupart aussi sont avariés, méconnaissables.

---

(1) Dans la banlieue de Paris on peut trouver en moyenne : 3 gamahés vrais sur 1.000 pierres lavées (je parle de silex); 1 débris de sculpture sur 500 pierres, 1 amulette sur 50 pierres.

En règle générale, tenez pour gamahés faux ou douteux tous ceux dont le dessin ne se trouve pas dans la pâte ou dans un bouillonnement (fig. 6 et 13).

Je ne parle ici que des pierres et autres minéraux. Les gamahés organiques, au contraire, ont une origine moins problématique ; dans ce cas il est plus facile de reconnaître quand et comment la main de l'homme a pu intervenir.

Il m'est arrivé assez fréquemment de constater qu'un gamahé vrai portait cependant (à son envers surtout) des trous (1) et des sillons trahissant l'œuvre d'un sauvage. Et j'en ai conclu que, dans la nuit des temps, certains primitifs avaient déjà remarqué la même pierre et que, la considérant comme sacrée, ils l'avaient gardée et transformée en amulette.

Pour atteindre ce but, ils s'efforçaient, avec quelque outil grossier, de perfectionner le dessin selon ce qu'ils pensaient y voir, — et ils ne voyaient pas toujours juste ! — creusant ici un œil, là complétant le profil à leur goût, accusant le nez, le menton ; ou bien encore ils retournaient l'objet, et par derrière gravaient tant bien que mal une tête de mort, un sigillum ou d'autres signes. Avec ce talisman, le naïf sauvage se croyait invincible et capable d'affronter les périls de son existence aventureuse. J'ai quelques têtes coupées en deux, d'un coup sec. Je pense qu'elles figuraient les quartiers de la lune. J'ai

---

(1) Il y a des trous placés de telle façon qu'ils reproduisent le plan de certaines constellations. J'ai reconnu Cassiopée. Il y aurait donc des amulettes astronomiques. C'étaient les cartes du ciel des premiers âges... ou des rappels de dates célèbres

vu plusieurs fois des crabes obtenus par grattement, des têtes d'oiseaux, etc.

Pour clore ces observations sur les amulettes, je mentionnerai encore les *pierres basilidiennes*, beaucoup moins anciennes et mieux sculptées en général.

On les nomme aussi *abraxas*. Elles étaient gravées par des gnostiques de la secte des Basilidiens et servaient à conjurer les mauvais sorts. Les disciples de Basilide, chrétiens pythagoriciens schismatiques, ont commencé à paraître à la fin du deuxième siècle de notre ère. Pour les amulettes, c'est de l'histoire moderne.

Le mot *abraxas* jouissait d'une grande vénération dans cette secte, et on le gravait souvent. Il réunissait en lui les lettres numériques valant 365, nombre des degrés célestes dans cette doctrine. Je ne m'attarderai pas à donner un aperçu de la théologie de Basilide, fort intéressante en somme, surtout à ce point de vue que beaucoup de gens, à notre époque, sont Basilidiens sans le savoir. Je me bornerai à dire que les abraxas se reconnaissent assez facilement : d'abord ces pierres sont mieux gravées et fouillées que les amulettes des primitifs ; de plus elles portent presque toujours une croix ou A Ω ou IAU, emblèmes de cette religion comme le mot *abraxas*. L'alpha et l'oméga (première et dernière lettre de l'alphabet grec) n'ont pas besoin, je pense, d'explication ; on la trouve dans l'évangile. « Je suis le commencement et la fin. » IAU paraît d'abord moins compréhensible. Il faut savoir, en effet, que de toute antiquité les

Orientaux ont symbolisé la divinité par les voyelles, source des sons dans le langage parlé. Ainsi le nom de Jéhovah (ou Jéova) n'est en dernière analyse qu'un mot composé de nos cinq voyelles IEOUA (AEIOU).

Le théologien chinois Lao-Tseu donne à sa trinité le nom de IOE; nous avons ici IAU; c'est la même chose, parce qu'en arabe l'*a* ne se distingue guère de l'*e* au parler; quant à l'*u* qui se prononce *ou*, il dérive de l'*o* et, en définitive, ces peuples dans la pratique n'ont guère que trois voyelles principales. Leurs philosophes, cherchant des comparaisons frappantes pour illustrer la Divinité créatrice, ont eu recours tantôt aux voyelles, tantôt aux lignes du triangle, ou au temps (passé, présent, avenir) ou à d'autres figures ingénieuses. Puis les sectes les ont modifiées, dénaturées à l'infini. Ainsi IAU pour les catholiques s'est transformé en IHS, qui lui-même se compose des trois premières lettres grecques de Jésus (Ιησους).

Pour en finir avec les abraxas, notons que le soleil s'y trouve fréquemment gravé; dans le Basilidisme, il symbolisait le premier ciel, le point culminant des 365 demeures célestes. De tout temps d'ailleurs, en Orient, le soleil a été appelé l'œil de Dieu ou pris pour Dieu lui-même. Les Basilidiens, pour des motifs religieux analogues, gravaient encore les quatre animaux angéliques (voir livre d'Ezéchiel, ch. I, § 5 et s.), le coq de saint Pierre, etc. Ces amulettes se rencontrent assez nombreuses en Espagne et dans le nord de l'Afrique, principalement en Égypte; mais on peut à la rigueur en ramasser partout, puisque les guerres, les invasions et même les simples voyages ont pu les répandre sur n'importe quel point du globe.

Les sectes innombrables qui ont paru et disparu autour de la Méditerranée avaient toutes gardé, de leurs traditions antérieures, la foi aux amulettes. C'est ainsi que le scopélisme (art de disposer les pierres pour causer des maléfices) s'est perpétué en Europe jusqu'à nos jours ; au Moyen Age, il sévissait comme tous les sortilèges, et une législation barbare en réglait les châtiments depuis Justinien (*Pandectes de Justinien*).

Les débris d'architecture ou de bijoux foisonnent dans le sol ; il y en a de curieux. Je mentionnerai une pièce de ma collection qui, bien qu'avariée, me paraît digne d'être citée ; je la crois d'origine grecque, parce que l'aspect général me rappelle un peu les sculptures de l'Asie Mineure (fig. 21). Le harnachement des chevaux avec œillères est une révélation. Le front supportait tout l'effort. Je ne pense pas que l'histoire mentionne ce système d'attelage.

Certaines pierres ont aussi des trous naturels très irréguliers, creusés par les bouillonnements de la fusion ou encore par l'eau, dans certains cas. Il arrive que ces cavités donnent, mais bien rarement, des empreintes curieuses sur la cire ; il en existe d'étranges. Seulement ces essais sont fatigants, décourageants, car l'on n'obtient guère de bons résultats. Je crois que les « sigillums » représentent la famille la plus ingrate des gamahés. Les nettoyages préalables sont assez longs et délicats, car on risque d'endommager un relief précieux, et, après cet accident, l'objet n'offre plus qu'un très médiocre intérêt. Il faut avoir beaucoup de temps et de patience pour s'occuper des « sigillums ».

La chasse aux gamahés, quoique dépourvue d'émotions vives, ne manque pas de charmes ; elle vaut bien la chasse aux papillons, elle vaut même mieux pour ceux qui n'ont plus des jambes de quinze ans. Et l'on fait, à certains jours, des trouvailles inattendues. J'ai eu entre les mains des paysages et des marines vraiment admirables. Il faut les examiner en plein soleil, généralement.

Vous pouvez, par des agrandissements photographiques ou des reproductions artistiques, vous créer une galerie de tableaux, saisissants par leur réalisme ou précieux par leur étrangeté. Que de chinoiseries, de dragons gothiques, d'animaux imaginaires, de sites fantastiques ! Vous trouverez même des portraits de personnages illustres.

Mais, encore une fois, il ne faut pas s'égarer sur ces prétendues ressemblances. La nature se répète. J'ai connu une dame qui, dans sa jeunesse, avait une ressemblance frappante avec Catherine de Médicis; et la femme d'un de mes amis est le portrait vivant de la mère de Napoléon Ier, telle qu'elle est représentée au Musée de Versailles. Les ressemblances, comme je l'ai dit, ne prouvent donc absolument rien, *quand elles ne sont pas accompagnées d'emblèmes appropriés.* Au contraire, si un gamahé offre un portrait connu, accompagné d'accessoires et de symboles qui désignent nettement le personnage, on peut avoir alors la certitude de se trouver en présence d'une pierre prophétique (1) ou de réminiscence lointaine, — selon qu'on veut envisager cette question au point de vue spiritualiste ou matérialiste. — Bien plus souvent, vous trouverez des portraits d'inconnus, ou même des sosies de nos contemporains. Ces gamahés ne sont pas moins captivants. Classez-les, gardez-les, car un jour on aura la preuve, je l'espère, qu'ils nous parlent de peuples disparus...

C'est de l'histoire pétrifiée.

---

(1) Ces pierres sont très rares; elles ont plus de valeur qu'une parure. Je parle d'une pierre prophétique ou de réminiscence, peu importe le nom qu'on lui donne.

DEUXIÈME PARTIE

Examen critique des Gamahés.

Pour simplifier son travail, l'amateur doit ramasser ses pierres et ses cailloux sans se préoccuper des dessins ou reliefs qu'ils peuvent porter. Il n'est pas pratique de passer son temps à examiner en détail chaque pierre qu'on prend. On risquerait ainsi de jeter au vent des pièces curieuses et de garder les mauvaises, car on ne peut pas apprécier un gamahé sous la poussière ou la boue qui le recouvre. Un lavage partiel même ne saurait suffire. Il faut laver et brosser à grande eau, en la renouvelant plusieurs fois. Je recommande aux amateurs de plonger d'abord les pierres dans un mélange antiseptique (deux tiers d'eau de fontaine et un tiers d'eau de Javel); on les y laisse séjourner une ou deux heures ; après quoi on les remue et on les rince; puis en dernier lieu on les brosse, sans se servir de savon, de potasse, ni d'autres substances qui attaquent le silex; car c'est surtout dans les pierres siliceuses qu'on rencontre des gamahés.

Si l'on ne prend pas la précaution de désinfecter d'abord et de rincer ensuite les pierres, on s'expose, en les brossant, à recevoir dans les yeux de l'eau corrompue pulvérisée, ce qui occasionne d'assez graves accidents pour la vue. Il est même prudent de mettre des lunettes pendant le nettoyage; les parcelles de silex qui entrent sous les paupières peuvent causer des inflammations.

Le fumier de cheval aussi est particulièrement nuisible quand il contient du foin mal digéré.

Ces émanations, après des lavages trop sommaires, m'ont donné plusieurs fois le coryza ou des angines, dont l'expérience m'a appris à connaître la provenance.

Quand vos pierres ont été bien nettoyées, laissez-les sécher, puis examinez-les une à une, dans un jour favorable, à la loupe, simple ou double selon les besoins. La très grande lumière ne nuit pas, surtout pour les reliefs, mais le jour naturel vaut mieux que la lampe. Si l'on doit travailler le soir, il faut se servir d'un réflecteur ou du globe à eau.

Il ne faut pas regarder les gamahés en artiste qui cherche simplement une inspiration dans des aspects fantastiques d'ombres et de jeux contrariés de lumière. Nous ne nous plaçons pas à ce point de vue ; nous cherchons à découvrir non le dessin « joli », mais celui qui existe réellement.

Ce but est capital; le sens à trouver et l'interprétation du sujet demandent du jugement, du sang-froid, ce qu'on pourrait appeler l'expérience du métier. L'amateur de gamahés qui se laissera entraîner par son imagination verra des figures grimaçantes, des diables ou des chimères là où il n'y a rien de semblable.

Prenons comme exemple la figure 15. Si nous l'examinons dans sa position normale, nous voyons simplement un oiseau sur ses œufs. — L'œuf brisé est un point de repère très certain ici. Le sort de l'œuf préoccupait l'oiseau.

Plaçons maintenant ce dessin de façon que la ligne AB soit verticale ; voilà un profil grotesque qui se révèle ; mais justement, on ne doit en tenir aucun compte (1).

C'est ainsi qu'en mettant certaines gravures ou photographies dans un autre sens que le normal, on distinguera souvent des caricatures et des fantaisies n'ayant aucun rapport avec le sujet traité par l'artiste. Il ne suffit donc pas de voir quelque chose, il faut regarder du bon côté et voir juste.

Il y a un autre écueil : si le dessin se montre bien net, bien arrêté dans la pâte même de la pierre, l'objet devra se classer tout de suite parmi les gamahés naturels. Quel spéculateur s'amuserait à créer un pareil dessin dans une agate ou dans un marbre ? Cette industrie demanderait une habileté extrême et ne donnerait aucun bénéfice. Aussi on peut se fier aux gamahés de veines. Mais, pour les autres, c'est tout différent. Vous trouvez un relief sur une pierre, les

---

(1) Ce silex, que je dois à l'obligeance de mon compatriote et ami M. Léopold Lacôte, est une des pièces les plus curieuses de ma collection, au point de vue de la démonstration que je fais ici.

traits sont plus ou moins accusés, les proportions plus ou moins gardées, vous vous croyez en présence d'une œuvre de la Nature, c'est votre conviction ; encore faut-il cependant qu'elle se fonde sur des raisons plausibles.

Que direz-vous au sceptique qui vous objectera l'intervention possible d'un sculpteur ou d'un graveur préhistorique ? On insinuera que vous n'avez entre les mains qu'un ancien bijou, un débris de sculpture, un jouet de l'âge de pierre, une monnaie de convention, un talisman. Il faut en pareil cas départir le vraisemblable de l'invraisemblable. Ainsi, pour la figure 18, il n'est pas admissible qu'un graveur ait placé, au-dessus d'une moitié de crâne, les deux personnages qu'on y voit, l'un avec des pieds informes, l'autre avec un bras brûlé ; il est invraisemblable qu'un artiste, même préhistorique, ait conçu un pareil sujet. Son incohérence démontre son origine naturelle.

En outre, pourquoi l'anatomie de cette tête offre-t-elle certaines différences avec celle de l'homme actuel ?

Voilà ce qui s'appelle une critique préalable utile ; car en matière de gamahés, comme en archéologie, il faut se montrer très circonspect.

Au reste, avec un peu d'habitude, on finit par distinguer sûrement ce qui fut produit par un bouillonnement volcanique de ce qui se forma sous les coups de ciseau ou de silex des anciens.

Les débutants collectionneurs hésitent ; mais leur jugement mûrit peu à peu. Quant aux profanes, neuf fois sur dix ils ne distinguent absolument rien. Cela provient de ce qu'ils s'attendent toujours à voir des dessins corrects, bien arrêtés. Or, le plus souvent, c'est le contraire qui arrive. En outre, tout le monde ne sait pas se servir de lentilles grossissantes. On cherche, on est désappointé, on aperçoit des choses informes. Et c'est plaisir d'entendre les réflexions des gens qui n'ont pas l'instinct de ces choses-là. Ils vous découvrent des têtes ou des ustensiles qui n'existent pas; ils ne voient rien de ce qu'on leur montre, même quand on leur explique ce qu'ils doivent regarder. Il y a un apprentissage à faire, surtout pour ceux qui n'ont pas des notions de dessin.

Il s'en faut que les gamahés présentent toujours des contours nets et facilement reconnaissables. Il y en a qui ne portent guère que des indications, des traces, comme certaines médailles usées, qui n'en sont pas moins curieuses. Mais les amateurs tombent d'accord avec les profanes sur ce point : c'est que les belles pierres se « lisent » du premier coup. Elles frappent la vue.

On peut conserver les gamahés dans des vitrines comme d'autres minéraux, ou bien, si l'on manque d'espace, on les met dans des boîtes de carton ayant chacune un numéro d'ordre. Chaque gamahé sera lui-même entouré d'une enveloppe portant le numéro de la boîte qui le contient et le numéro sous lequel on l'a inscrit au catalogue.

Sur le catalogue, dans deux colonnes, figureront le numéro d'ordre de l'objet et le numéro d'ordre de sa boîte. Grâce à ce mode de classement, on retrouve sans peine ce qu'on désire ; pour la commodité des recherches, chaque boîte ne devra contenir qu'une douzaine de pierres environ.

Quant aux gamahés d'origine végétale ou animale, ils se conservent, soit par dessiccation, soit par immersion dans de l'alcool ou dans des liquides antiseptiques.

Les dessins sur bois et certaines plaques de marbre peuvent s'exposer dans un cadre ; ils tiennent lieu de tableaux et excitent la curiosité des visiteurs.

Une remarque à propos de marbres : c'est surtout dans leurs substances qu'on trouve des traces de coquillages, de fruits ou de feuilles, parfois de poissons ou de reptiles. Tous ces débris organiques ont été saisis et carbonisés jadis dans la pâte ; mais bien entendu ces empreintes n'ont aucun rapport avec celles des gamahés. Branches, feuilles, fruits, arêtes, ossements brûlés dans la pierre, n'ont qu'une origine géologique et relèvent simplement de la Paléontologie.

Cette branche de la science a d'ailleurs, elle aussi, ses grands et ses petits mystères ; elle n'a point donné la clef de la genèse naturelle, malgré les reconstitutions de Cuvier, le système maintenant démodé de Darwin et les protoplasmes de l'école allemande.

Et pourtant la Paléontologie a pris son droit de cité parmi les sciences officielles, dites positives.

De même, malgré ses hypothèses, la science des pierres taillées et des pierres polies a conquis sa place dans l'enseignement ; d'ailleurs elle a ouvert déjà de nouveaux horizons à l'ethnologie, à l'histoire des peuples.

Qu'est-ce que nous apprendront plus tard les gamahés, quand ils seront mieux connus et qu'on ne les regardera plus comme des images insignifiantes, peintes et sculptées par le Hasard dans les cailloux ? Le HASARD... explication simpliste, hélas, bien insuffisante.

TABLE DES MATIÈRES

PREMIÈRE PARTIE

	Pages.
Chapitre Ier — Gamahés dits prophétiques.	7
— II. — Gamahés des cataclysmes	15
— III. — Gamahés des frayeurs ou des exaltations.	24
— IV. — Une classification	29
— V. — Remarques complémentaires. — Pierres chaotiques, fulgurées, anatomiques	33
— VI. — Amulettes et sculptures. Abraxas et sigillums	37

DEUXIÈME PARTIE

Examen critique des Gamahés 44
Observation sur l'orientation des Gamahés (fin des planches)

Cet ouvrage contient, en outre, un atlas de 22 figures dessinées d'après nature, représentant quelques-unes des pièces les plus curieuses de la collection Jules-Albert Lecompte.

(Toute reproduction de ces dessins est interdite sans l'autorisation de l'auteur.)

8-4-05. — Tours, Imprimerie E. Arrault et Cie.

Documents manquants (pages, cahiers...)
NF Z 43-120-13

www.ingramcontent.com/pod-product-compliance
Lightning Source LLC
LaVergne TN
LVHW020951090426
835512LV00009B/1831